This Password Book Belongs To:

CHOOSING A GOOD PASSWORD.

- The longer, the better! Make your passwords at least 12 characters in length.
- Make them unique! Make each password you create different.
- Mix it up! Use a mixture of capitals, digits & symbols.

A top tip is to use several random words together to create an amusing, memorable image. It is a good idea to avoid obvious references, such as birthdays & anniversaries or something that is obvious to the website itself.

The best passwords are completely random, this type of password, however, is hard to remember, so store them in this handy book & you will have them to hand when you need them.

KEEPING YOUR PASSWORDS SAFE!

- For added security, instead of writing the password itself, write a hint that will remind you.
- Don't leave the book near your computer. Ideally lock it in a safe or drawer, or hide it amongst.

Home Network Settings

Broadband modem :

Model :

Serial Number :

MAC Address :

Administration URL/IP address :

WAN IP address :

Username :

Password :

Router/Wireless access point :

Model :

Serial Number :

Default IP address :

Default Username :

Default Password :

User defined IP address :

User defined Username :

User defined Password :

WAN settings :

MAC address :

IP address :

Host name :

Domain name :

Subnet mask :

Default gateway :

DNS primary :

DNS secondary :

LAN settings :

IP address :

Subnet mask :

DHCP range :

Wireless settings :

SSID (Network name) :

Channel :

Security mode :

Shared key (WPA) :

Passphrase (WEP) :

Internet & Computer Information

ISP Name :

Account Number :

Tech Support :

Customer Service :

Email (Personal) :

Mail server type :

Incoming server :

Outgoing server :

Username :

Password :

Email (Work) :

Mail server type :

Incoming server :

Outgoing server :

Username :

Password :

Domain :

Software Licenses

Use these pages to record important information about your computer & the software on it, So you can easily instal the software again.

O.S Activation Code : ______________________

Account ID : ______________________

Password : ______________________

PC admin username : ______________________

Password : ______________________

Notes : ______________________

____

Antivirus Software : ______________________

License Key : ______________________

Purchase Date : ______________________

Notes : ______________________

____

Software :

License Number :

Purchase Date :

Notes :

Software :

License Number :

Purchase Date :

Notes :

Software :

License Number :

Purchase Date :

Notes :

Software :

License Number :

Purchase Date :

Notes :

Software :

License Number :

Purchase Date :

Notes :

Software :

License Number :

Purchase Date :

Notes :

Software :

License Number :

Purchase Date :

Notes :

Software :

License Number :

Purchase Date :

Notes :

Software :

License Number :

Purchase Date :

Notes :

Software :

License Number :

Purchase Date :

Notes :

Software :

License Number :

Purchase Date :

Notes :

Software :

License Number :

Purchase Date :

Notes :

Passwords

Name :

Web Address :

Login :

Password :

Notes :

Name :

Web Address :

Login :

Password :

Notes :

Name :

Web Address :

Login :

Password :

Notes :

A

Name :

Web Address :

Login :

Password :

Notes :

Name :

Web Address :

Login :

Password :

Notes :

Name :

Web Address :

Login :

Password :

Notes :

Name :

Web Address :

Login :

Password :

Notes :

Name :

Web Address :

Login :

Password :

Notes :

Name :

Web Address :

Login :

Password :

Notes :

A

Name :

Web Address :

Login :

Password :

Notes :

Name :

Web Address :

Login :

Password :

Notes :

Name :

Web Address :

Login :

Password :

Notes :

B

Name :

Web Address :

Login :

Password :

Notes :

Name :

Web Address :

Login :

Password :

Notes :

Name :

Web Address :

Login :

Password :

Notes :

B

Name :

Web Address :

Login :

Password :

Notes :

Name :

Web Address :

Login :

Password :

Notes :

Name :

Web Address :

Login :

Password :

Notes :

Name :

Web Address :

Login :

Password :

Notes :

Name :

Web Address :

Login :

Password :

Notes :

Name :

Web Address :

Login :

Password :

Notes :

B

Name :

Web Address :

Login :

Password :

Notes :

Name :

Web Address :

Login :

Password :

Notes :

Name :

Web Address :

Login :

Password :

Notes :

Name :

Web Address :

Login :

Password :

Notes :

Name :

Web Address :

Login :

Password :

Notes :

Name :

Web Address :

Login :

Password :

Notes :

C

Name :

Web Address :

Login :

Password :

Notes :

Name :

Web Address :

Login :

Password :

Notes :

Name :

Web Address :

Login :

Password :

Notes :

C

Name :

Web Address :

Login :

Password :

Notes :

Name :

Web Address :

Login :

Password :

Notes :

Name :

Web Address :

Login :

Password :

Notes :

C

Name :

Web Address :

Login :

Password :

Notes :

Name :

Web Address :

Login :

Password :

Notes :

Name :

Web Address :

Login :

Password :

Notes :

D

Name :

Web Address :

Login :

Password :

Notes :

Name :

Web Address :

Login :

Password :

Notes :

Name :

Web Address :

Login :

Password :

Notes :

D

Name :

Web Address :

Login :

Password :

Notes :

Name :

Web Address :

Login :

Password :

Notes :

Name :

Web Address :

Login :

Password :

Notes :

Name :

Web Address :

Login :

Password :

Notes :

Name :

Web Address :

Login :

Password :

Notes :

Name :

Web Address :

Login :

Password :

Notes :

D

Name :

Web Address :

Login :

Password :

Notes :

Name :

Web Address :

Login :

Password :

Notes :

Name :

Web Address :

Login :

Password :

Notes :

Name :

Web Address :

Login :

Password :

Notes :

Name :

Web Address :

Login :

Password :

Notes :

Name :

Web Address :

Login :

Password :

Notes :

E

Name :

Web Address :

Login :

Password :

Notes :

Name :

Web Address :

Login :

Password :

Notes :

Name :

Web Address :

Login :

Password :

Notes :

Name :

Web Address :

Login :

Password :

Notes :

Name :

Web Address :

Login :

Password :

Notes :

Name :

Web Address :

Login :

Password :

Notes :

E

Name :

Web Address :

Login :

Password :

Notes :

Name :

Web Address :

Login :

Password :

Notes :

Name :

Web Address :

Login :

Password :

Notes :

Name :

Web Address :

Login :

Password :

Notes :

Name :

Web Address :

Login :

Password :

Notes :

Name :

Web Address :

Login :

Password :

Notes :

F

Name :

Web Address :

Login :

Password :

Notes :

Name :

Web Address :

Login :

Password :

Notes :

Name :

Web Address :

Login :

Password :

Notes :

F

Name :

Web Address :

Login :

Password :

Notes :

Name :

Web Address :

Login :

Password :

Notes :

Name :

Web Address :

Login :

Password :

Notes :

F

Name :

Web Address :

Login :

Password :

Notes :

Name :

Web Address :

Login :

Password :

Notes :

Name :

Web Address :

Login :

Password :

Notes :

Name :

Web Address :

Login :

Password :

Notes :

Name :

Web Address :

Login :

Password :

Notes :

Name :

Web Address :

Login :

Password :

Notes :

G

Name :

Web Address :

Login :

Password :

Notes :

Name :

Web Address :

Login :

Password :

Notes :

Name :

Web Address :

Login :

Password :

Notes :

Name :

Web Address :

Login :

Password :

Notes :

Name :

Web Address :

Login :

Password :

Notes :

Name :

Web Address :

Login :

Password :

Notes :

G

Name :

Web Address :

Login :

Password :

Notes :

Name :

Web Address :

Login :

Password :

Notes :

Name :

Web Address :

Login :

Password :

Notes :

Name :

Web Address :

Login :

Password :

Notes :

Name :

Web Address :

Login :

Password :

Notes :

Name :

Web Address :

Login :

Password :

Notes :

H

Name :

Web Address :

Login :

Password :

Notes :

Name :

Web Address :

Login :

Password :

Notes :

Name :

Web Address :

Login :

Password :

Notes :

Name :

Web Address :

Login :

Password :

Notes :

Name :

Web Address :

Login :

Password :

Notes :

Name :

Web Address :

Login :

Password :

Notes :

H

Name :

Web Address :

Login :

Password :

Notes :

Name :

Web Address :

Login :

Password :

Notes :

Name :

Web Address :

Login :

Password :

Notes :

Name :

Web Address :

Login :

Password :

Notes :

Name :

Web Address :

Login :

Password :

Notes :

Name :

Web Address :

Login :

Password :

Notes :

I

Name :

Web Address :

Login :

Password :

Notes :

Name :

Web Address :

Login :

Password :

Notes :

Name :

Web Address :

Login :

Password :

Notes :

Name :

Web Address :

Login :

Password :

Notes :

Name :

Web Address :

Login :

Password :

Notes :

Name :

Web Address :

Login :

Password :

Notes :

I

Name :

Web Address :

Login :

Password :

Notes :

Name :

Web Address :

Login :

Password :

Notes :

Name :

Web Address :

Login :

Password :

Notes :

Name :

Web Address :

Login :

Password :

Notes :

Name :

Web Address :

Login :

Password :

Notes :

Name :

Web Address :

Login :

Password :

Notes :

J

Name :

Web Address :

Login :

Password :

Notes :

Name :

Web Address :

Login :

Password :

Notes :

Name :

Web Address :

Login :

Password :

Notes :

J

Name :

Web Address :

Login :

Password :

Notes :

Name :

Web Address :

Login :

Password :

Notes :

Name :

Web Address :

Login :

Password :

Notes :

J

Name :

Web Address :

Login :

Password :

Notes :

Name :

Web Address :

Login :

Password :

Notes :

Name :

Web Address :

Login :

Password :

Notes :

Name :

Web Address :

Login :

Password :

Notes :

Name :

Web Address :

Login :

Password :

Notes :

Name :

Web Address :

Login :

Password :

Notes :

K

Name :

Web Address :

Login :

Password :

Notes :

Name :

Web Address :

Login :

Password :

Notes :

Name :

Web Address :

Login :

Password :

Notes :

K

Name :

Web Address :

Login :

Password :

Notes :

Name :

Web Address :

Login :

Password :

Notes :

Name :

Web Address :

Login :

Password :

Notes :

K

Name :

Web Address :

Login :

Password :

Notes :

Name :

Web Address :

Login :

Password :

Notes :

Name :

Web Address :

Login :

Password :

Notes :

Name :

Web Address :

Login :

Password :

Notes :

Name :

Web Address :

Login :

Password :

Notes :

Name :

Web Address :

Login :

Password :

Notes :

L

Name :

Web Address :

Login :

Password :

Notes :

Name :

Web Address :

Login :

Password :

Notes :

Name :

Web Address :

Login :

Password :

Notes :

Name :

Web Address :

Login :

Password :

Notes :

Name :

Web Address :

Login :

Password :

Notes :

Name :

Web Address :

Login :

Password :

Notes :

L

Name :

Web Address :

Login :

Password :

Notes :

Name :

Web Address :

Login :

Password :

Notes :

Name :

Web Address :

Login :

Password :

Notes :

Name :

Web Address :

Login :

Password :

Notes :

Name :

Web Address :

Login :

Password :

Notes :

Name :

Web Address :

Login :

Password :

Notes :

M

Name :

Web Address :

Login :

Password :

Notes :

Name :

Web Address :

Login :

Password :

Notes :

Name :

Web Address :

Login :

Password :

Notes :

Name :

Web Address :

Login :

Password :

Notes :

Name :

Web Address :

Login :

Password :

Notes :

Name :

Web Address :

Login :

Password :

Notes :

M

Name :

Web Address :

Login :

Password :

Notes :

Name :

Web Address :

Login :

Password :

Notes :

Name :

Web Address :

Login :

Password :

Notes :

Name :

Web Address :

Login :

Password :

Notes :

Name :

Web Address :

Login :

Password :

Notes :

Name :

Web Address :

Login :

Password :

Notes :

N

Name :

Web Address :

Login :

Password :

Notes :

Name :

Web Address :

Login :

Password :

Notes :

Name :

Web Address :

Login :

Password :

Notes :

Name :

Web Address :

Login :

Password :

Notes :

Name :

Web Address :

Login :

Password :

Notes :

Name :

Web Address :

Login :

Password :

Notes :

N

Name :

Web Address :

Login :

Password :

Notes :

Name :

Web Address :

Login :

Password :

Notes :

Name :

Web Address :

Login :

Password :

Notes :

Name :

Web Address :

Login :

Password :

Notes :

Name :

Web Address :

Login :

Password :

Notes :

Name :

Web Address :

Login :

Password :

Notes :

O

Name :

Web Address :

Login :

Password :

Notes :

Name :

Web Address :

Login :

Password :

Notes :

Name :

Web Address :

Login :

Password :

Notes :

Name :

Web Address :

Login :

Password :

Notes :

Name :

Web Address :

Login :

Password :

Notes :

Name :

Web Address :

Login :

Password :

Notes :

O

Name :

Web Address :

Login :

Password :

Notes :

Name :

Web Address :

Login :

Password :

Notes :

Name :

Web Address :

Login :

Password :

Notes :

Name :

Web Address :

Login :

Password :

Notes :

Name :

Web Address :

Login :

Password :

Notes :

Name :

Web Address :

Login :

Password :

Notes :

P

Name :

Web Address :

Login :

Password :

Notes :

Name :

Web Address :

Login :

Password :

Notes :

Name :

Web Address :

Login :

Password :

Notes :

Name :

Web Address :

Login :

Password :

Notes :

Name :

Web Address :

Login :

Password :

Notes :

Name :

Web Address :

Login :

Password :

Notes :

P

Name :

Web Address :

Login :

Password :

Notes :

Name :

Web Address :

Login :

Password :

Notes :

Name :

Web Address :

Login :

Password :

Notes :

Q

Name :

Web Address :

Login :

Password :

Notes :

Name :

Web Address :

Login :

Password :

Notes :

Name :

Web Address :

Login :

Password :

Notes :

Q

Name :

Web Address :

Login :

Password :

Notes :

Name :

Web Address :

Login :

Password :

Notes :

Name :

Web Address :

Login :

Password :

Notes :

Q

Name :

Web Address :

Login :

Password :

Notes :

Name :

Web Address :

Login :

Password :

Notes :

Name :

Web Address :

Login :

Password :

Notes :

Q

Name :

Web Address :

Login :

Password :

Notes :

Name :

Web Address :

Login :

Password :

Notes :

Name :

Web Address :

Login :

Password :

Notes :

Name :

Web Address :

Login :

Password :

Notes :

Name :

Web Address :

Login :

Password :

Notes :

Name :

Web Address :

Login :

Password :

Notes :

R

Name :

Web Address :

Login :

Password :

Notes :

Name :

Web Address :

Login :

Password :

Notes :

Name :

Web Address :

Login :

Password :

Notes :

Name :

Web Address :

Login :

Password :

Notes :

Name :

Web Address :

Login :

Password :

Notes :

Name :

Web Address :

Login :

Password :

Notes :

R

Name :

Web Address :

Login :

Password :

Notes :

Name :

Web Address :

Login :

Password :

Notes :

Name :

Web Address :

Login :

Password :

Notes :

Name :

Web Address :

Login :

Password :

Notes :

Name :

Web Address :

Login :

Password :

Notes :

Name :

Web Address :

Login :

Password :

Notes :

S

Name :

Web Address :

Login :

Password :

Notes :

Name :

Web Address :

Login :

Password :

Notes :

Name :

Web Address :

Login :

Password :

Notes :

Name :

Web Address :

Login :

Password :

Notes :

Name :

Web Address :

Login :

Password :

Notes :

Name :

Web Address :

Login :

Password :

Notes :

S

Name :

Web Address :

Login :

Password :

Notes :

Name :

Web Address :

Login :

Password :

Notes :

Name :

Web Address :

Login :

Password :

Notes :

Name :

Web Address :

Login :

Password :

Notes :

Name :

Web Address :

Login :

Password :

Notes :

Name :

Web Address :

Login :

Password :

Notes :

T

Name :

Web Address :

Login :

Password :

Notes :

Name :

Web Address :

Login :

Password :

Notes :

Name :

Web Address :

Login :

Password :

Notes :

Name :

Web Address :

Login :

Password :

Notes :

Name :

Web Address :

Login :

Password :

Notes :

Name :

Web Address :

Login :

Password :

Notes :

T

Name :

Web Address :

Login :

Password :

Notes :

Name :

Web Address :

Login :

Password :

Notes :

Name :

Web Address :

Login :

Password :

Notes :

Name :

Web Address :

Login :

Password :

Notes :

Name :

Web Address :

Login :

Password :

Notes :

Name :

Web Address :

Login :

Password :

Notes :

U

Name :

Web Address :

Login :

Password :

Notes :

Name :

Web Address :

Login :

Password :

Notes :

Name :

Web Address :

Login :

Password :

Notes :

Name :

Web Address :

Login :

Password :

Notes :

Name :

Web Address :

Login :

Password :

Notes :

Name :

Web Address :

Login :

Password :

Notes :

U

Name :

Web Address :

Login :

Password :

Notes :

Name :

Web Address :

Login :

Password :

Notes :

Name :

Web Address :

Login :

Password :

Notes :

Name :

Web Address :

Login :

Password :

Notes :

Name :

Web Address :

Login :

Password :

Notes :

Name :

Web Address :

Login :

Password :

Notes :

V

Name :

Web Address :

Login :

Password :

Notes :

Name :

Web Address :

Login :

Password :

Notes :

Name :

Web Address :

Login :

Password :

Notes :

Name :

Web Address :

Login :

Password :

Notes :

Name :

Web Address :

Login :

Password :

Notes :

Name :

Web Address :

Login :

Password :

Notes :

V

Name :

Web Address :

Login :

Password :

Notes :

Name :

Web Address :

Login :

Password :

Notes :

Name :

Web Address :

Login :

Password :

Notes :

Name :

Web Address :

Login :

Password :

Notes :

Name :

Web Address :

Login :

Password :

Notes :

Name :

Web Address :

Login :

Password :

Notes :

W

Name :

Web Address :

Login :

Password :

Notes :

Name :

Web Address :

Login :

Password :

Notes :

Name :

Web Address :

Login :

Password :

Notes :

Name :

Web Address :

Login :

Password :

Notes :

Name :

Web Address :

Login :

Password :

Notes :

Name :

Web Address :

Login :

Password :

Notes :

W

Name :

Web Address :

Login :

Password :

Notes :

Name :

Web Address :

Login :

Password :

Notes :

Name :

Web Address :

Login :

Password :

Notes :

Name :

Web Address :

Login :

Password :

Notes :

Name :

Web Address :

Login :

Password :

Notes :

Name :

Web Address :

Login :

Password :

Notes :

X

Name :

Web Address :

Login :

Password :

Notes :

Name :

Web Address :

Login :

Password :

Notes :

Name :

Web Address :

Login :

Password :

Notes :

Name :

Web Address :

Login :

Password :

Notes :

Name :

Web Address :

Login :

Password :

Notes :

Name :

Web Address :

Login :

Password :

Notes :

X

Name :

Web Address :

Login :

Password :

Notes :

Name :

Web Address :

Login :

Password :

Notes :

Name :

Web Address :

Login :

Password :

Notes :

Name :

Web Address :

Login :

Password :

Notes :

Name :

Web Address :

Login :

Password :

Notes :

Name :

Web Address :

Login :

Password :

Notes :

Y

Name :

Web Address :

Login :

Password :

Notes :

Name :

Web Address :

Login :

Password :

Notes :

Name :

Web Address :

Login :

Password :

Notes :

Name :

Web Address :

Login :

Password :

Notes :

Name :

Web Address :

Login :

Password :

Notes :

Name :

Web Address :

Login :

Password :

Notes :

Y

Name :

Web Address :

Login :

Password :

Notes :

Name :

Web Address :

Login :

Password :

Notes :

Name :

Web Address :

Login :

Password :

Notes :

Name :

Web Address :

Login :

Password :

Notes :

Name :

Web Address :

Login :

Password :

Notes :

Name :

Web Address :

Login :

Password :

Notes :

Z

Name :

Web Address :

Login :

Password :

Notes :

Name :

Web Address :

Login :

Password :

Notes :

Name :

Web Address :

Login :

Password :

Notes :

Name :

Web Address :

Login :

Password :

Notes :

Name :

Web Address :

Login :

Password :

Notes :

Name :

Web Address :

Login :

Password :

Notes :

Z

Name :

Web Address :

Login :

Password :

Notes :

Name :

Web Address :

Login :

Password :

Notes :

Name :

Web Address :

Login :

Password :

Notes :